बद्री नारायण

बद्री नारायण का जन्म 5 अक्टूबर, 1965 को भोजपुर, बिहार में हुआ। वे हिन्दी के महत्त्वपूर्ण कवि हैं। नवें दशक के कवियों में सर्वाधिक चर्चित। हिन्दी के प्रतिष्ठित कवि होने के साथ-साथ वे उत्तर भारत की आधारभूत राजनीतिक समझ और निर्मितियों की पहचान करनेवाले समाजविज्ञानी के रूप में भी जाने जाते हैं।

उनके प्रकाशित कविता-संग्रह हैं—'खुदाई में हिंसा', 'शब्दपदीयम', 'सच सुने कई दिन हुए', 'तुमड़ी के शब्द' और 'प्रतिनिधि कविताएँ'। उनकी कविताएँ अंग्रेज़ी, बांग्ला, उड़िया, मलयालम, उर्दू तथा अन्य भारतीय भाषाओं में अनूदित हो चुकी हैं। उन्होंने देश-विदेश के अनेक साहित्यिक मंचों पर काव्य-पाठ किया है। वे कविता लिखने के साथ-साथ उस पर हो रहे चिन्तन एवं विमर्श के एक प्रखर हस्ताक्षर के रूप में भी जाने जाते हैं। वैचारिक निबन्धों की उनकी कई पुस्तकें प्रकाशित हैं। हिन्दी तथा अंग्रेज़ी के शीर्षस्थ पत्र-पत्रिकाओं में राजनीतिक विशेषणों पर आधारित उनके कॉलम भी प्रकाशित होते रहे हैं।

उन्हें 'साहित्य अकादेमी पुरस्कार', 'भारतभूषण अग्रवाल पुरस्कार', 'बनारसी प्रसाद भोजपुरी सम्मान', 'केदार सम्मान', 'स्पंदन कृति पुरस्कार', 'राष्ट्रकवि दिनकर पुरस्कार', 'शमशेर सम्मान', 'मीरा स्मृति सम्मान' से सम्मानित किया जा चुका है।

ई-मेल : badrinarayan.gbpssi@gmail.com

सच सुने कई दिन हुए

बद्री नारायण

राधाकृष्ण पेपरबैक्स

पहला सजिल्द संस्करण
राधाकृष्ण प्रकाशन प्राइवेट लिमिटेड द्वारा
1993 में प्रकाशित

राधाकृष्ण पेपरबैक्स में
पहला संस्करण : 2023

राधाकृष्ण पेपरबैक्स : उत्कृष्ट साहित्य के जनसुलभ संस्करण

राधाकृष्ण प्रकाशन प्रा. लि.
जी-17, जगतपुरी
दिल्ली-110 051
द्वारा प्रकाशित

शाखाएँ : अशोक राजपथ, साइंस कॉलेज के सामने, पटना-800 006
पहली मंजिल, दरबारी बिल्डिंग, महात्मा गांधी मार्ग, प्रयागराज-211 001
वेबसाइट : www.radhakrishnaprakashan.com
ई-मेल : info@radhakrishnaprakashan.com

बी. के. ऑफसेट
नवीन शाहदरा, दिल्ली-110 032
द्वारा मुद्रित

मूल्य : ₹150

SACH SUNE KAI DIN HUYE
Poems by Badri Narayan

ISBN : 978-81-19092-20-8

माई और बाबूजी के लिए

पिछले कुछ वर्षों में जिन नये कवियों ने अपनी भाषा की ताज़गी और संवेदना की नई बनावट से पाठकों का ध्यान आकृष्ट किया है, उनमें बद्री नारायण का नाम विशिष्ट है। पुरस्कृत कविता विषम मानवीय परिस्थितियों के बीच एक ठेठ युवामन के प्रेम की पीड़ा को अनेक अर्थगर्भी संकेतों के द्वारा व्यक्त करती है, जिसके स्थापत्य में लोककविता जैसी सहजता और मार्मिकता है। कविता की भाषा में परम्परा की अनेक अनुगूँजों तथा अभिप्रायों का सार्थक उपयोग किया गया है, जो समकालीन कविता के शिल्प की एक नई सम्भावना की ओर संकेत करता है। प्रस्तुत कविता को पुरस्कार के लिए चुनते समय कवि की इधर-उधर छपी अन्य अनेक कविताएँ भी निर्णायक के ध्यान में थीं, जिनका प्रामाणिक प्रतिनिधित्व 'प्रेमपत्र' शीर्षक कविता करती है।

केदारनाथ सिंह

सन्दर्भ, भारतभूषण अग्रवाल स्मृति पुरस्कार-1991

निवेदन

मुझे शब्द छूने दो
भाव छूने दो
वाक्य छूने दो

कविता के वृत्त के बाहर
बैठा हूँ
मैं 'कविता का डोम'

मुझे
पाँव छूने दो

हे बेदुआ
हे पुरोहित
हे निर्दयी

मुझे भी
जयकार
बोलने दो...

—बद्री नारायण

क्रम

आइस-पाइस

बैठे हैं हम
गोल में
पहाड़ पर
खेलने आइस-पाइस

हमने कहा
नदी आइस-पाइस
पेड़-पौधे हरियाली आइस-पाइस

आइस-पाइस बादल
तूफ़ान आइस-पाइस

हम ताक में हैं कि
कह दें
मौत आइस-पाइस।

बदलाव

बर्फ़ पानी में बदल गया
मस्ती चिन्ता में
सुख दु:ख में
सोना माटी में बदल गया
कंचन की काया ले मैं क्या करूँगा
पालता रहूँगा काली बिल्ली या ख़रगोश
निकालता रहूँगा
आत्मा में गड़ा भालू का दाँत

हरीतिमा पीलेपन में बदल गई
सत् असत् में
किस पाताल में छुपाऊँ
अनमोल स्थायित्व
पुरखो!
कुछ तो कहो ऐसे गाढ़े वक़्त में।

प्रेमपत्र

प्रेत आएगा
किताब से निकाल ले जाएगा प्रेमपत्र
गिद्ध उसे पहाड़ पर नोच-नोच खाएगा

चोर आएगा तो प्रेमपत्र चुराएगा
जुआरी प्रेमपत्र पर दाँव लगाएगा
ऋषि आएँगे तो दान में माँगेंगे प्रेमपत्र

बारिश आएगी तो
प्रेमपत्र ही गलाएगी
आग आएगी तो जलाएगी प्रेमपत्र
बंदिशें प्रेमपत्र पर ही लगाई जाएँगी

साँप आएगा तो डसेगा प्रेमपत्र
झींगुर आएँगे तो चाटेंगे प्रेमपत्र
कीड़े प्रेमपत्र ही काटेंगे।

प्रलय के दिनों में
सप्तर्षि, मछली और मनु

सब वेद बचाएँगे
कोई नहीं बचाएगा प्रेमपत्र

कोई रोम बचाएगा
कोई मदीना
कोई चाँदी बचाएगा, कोई सोना

मैं निपट अकेला
कैसे बचाऊँगा तुम्हारा प्रेमपत्र!

सूरज का गीत

दुःख के पहाड़ों के पीछे से
सुख के आसमान में उगना

नारियल में उगना
शरीफ़े में उगना
सूरज उगना
भक्तिन की काँच बाँस के कलसूप-सी
फैली ज़िन्दगी में
झुक आई पीठ में उगना
सदियों से मोह खींचती
जवान छाती में उगना
सुहागिन के सुहाग में
सहस्त्र किरणों की धार ले उगना
उगना
शहीद बेटे की माँ की कोख में
हज़ार-हज़ार बाँह ले

केले के काँचे घवद में उगना
सुग्गे की कंठी में

आँखों की अतल-उदास गहराइयों में
अमर चमक ले उगना

जीवन की पहली सुबह से
मृत्यु की अन्तिम साँझ तक

जीवन-भर खेतों में लड़ते
योद्धा के पुट्ठे में उगना
चिपक जाना उसके माथे पर
जीत का तमग़ा बन

मिट्टी की दियरों में
ग़रीब के चूल्हे में
महाजाल में फँसी
मछली के मन में उगना

सागर में उगना
जिसमें नहाती है पृथ्वी
ऊब-डूब।

सफ़र

आसमान में जितने हैं तारे
उतने ही घाव हैं मेरे शरीर पर

जितने शंख हैं, जितनी सीपियाँ
उतने ही मेरे दुःख हैं, उतनी ही कठिनाइयाँ

जितने द्वीप हैं, जितनी नदियाँ
उतने ही और करने हैं मुझे काम

खेतों से चिड़ियों ने चुगा है जितना दाना
मुझे और सीखनी है उतनी बात

जितना बड़ा युग है, जितना विस्तार
उतना ही सफ़र अभी और तय करना है

संसार में गिरी हैं जितनी बार बिजलियाँ
उतने ही विरोध अभी और झेलने हैं

पेड़ों से झरे हैं जितने पत्ते
उतने ही दिन अभी और कटने हैं
उतने ही! उतने ही!

हिंस्त्र आत्माएँ पहचान ली जाती हैं

लकड़ी में छुपे तो बढ़ई चीर देता है
लोहे में काटता है लोहार
सोने में गला देता है सोनार
हिंस्त्र आत्माएँ पहचान ली जाती हैं

मिट्टी में छुपे तो कोड़ देता है किसान
दूध में हंस चीन्ह लेता है
काले घोड़े की नाल में साईस को
पहले हो जाता है भान
राजा के नग में बैठे तो
प्रजा जान जाती है
वज़ीर की बुद्धि में
जान जाते हैं सिपहसालार

घुसना मना है
हवा में
पानी में
पूरी दुनिया में उठती मिट्टी की गंध में

पुआल में छुपे तो
धौरा बैल जान जाता है
मौसम में छुपे तो घाघ
गाय के खुरों में घुसने पर वैद्यराज
टन्ना, कबड्डी, फ़ुटबाल में पहचान जाते हैं बच्चे
जहाँ भी जाती हैं हिंस्र आत्माएँ
पहचान ली जाती हैं
पहचान ली जाती हैं तो
खदेड़ दी जाती हैं।

अब मैं कबूतर पालूँगा

अब मैं कुछ नहीं करूँगा
कबूतर पालूँगा
कभी भारत में, कभी यूनान में
कभी रोम, पाकिस्तान
अज़रबैजान में
मैं कबूतर पालूँगा

बंगाल की खाड़ी से अरब सागर तक
मैं कबूतरों से भर दूँगा आसमान
मैं तो त्रिलोक में पालना चाहता हूँ कबूतर
जिस क़ब्रिस्तान में हिटलर सोता है
मैं तो उसमें भी पालूँगा कबूतर।

यीशु! मेरी मदद करो, मैं पालना चाहता हूँ कबूतर
विष की कटोरियो! तुमने जाने कितने सुकरात मारे
मैं तुम्हें कुछ नहीं करूँगा, बस तुममें पालूँगा एक कबूतर
उजले-नीले
लाल, बैंगनी
मैं पालूँगा—रंग-रंग के कबूतर

उनके पाँवों में पैंजनी बाँधूँगा
गले में इन्द्रधनुष के रंग का धागा
अब न कविता लिखूँगा, न पढ़ूँगा राजनीतिशास्त्र
मैं तो घूम-घूमकर कबूतर पालूँगा
न कशीदा काढ़ूँगा, न बुनूँगा रूमाल
सुनो! अब मैं कबूतर पालूँगा
बोली में मिश्री घोलनेवाले कबूतर
प्रेम की पाती ढोनेवाले कबूतर
वही कबूतर! वही कबूतर! जिसके पीछे
सिकन्दर रहा उम्र-भर परेशान
जो एक दिन लेकर उड़ जाएँगे शिकारी का जाल पूरा
कई नादिरशाह, कई औरंगज़ेब मिलकर
जिसे मार न पाए
मैं उसी नस्ल का कबूतर पालूँगा

धरती की हरी घास पर
रुनझुन-रुनझुन चलनेवाले कबूतर
जिन्हें काला पानी दिया जाए, बाँधा जाए रंगून
उड़कर चले आए मेरे पास
मन को मोहनेवाले कबूतर
गुटुरगूँ, गुटुरगूँ करनेवाले कबूतर
जय कबूतर! तेरी विजय कबूतर!
एक कबूतर! दो कबूतर! बहुत-बहुत कबूतर
अब मैं कुछ नहीं करूँगा
घूम-घूमकर कबूतर पालूँगा।

ताना-बाना

ताना-बाना
बुना ताना
एक सुघड़-सा शंख बनाना
हिरणी जिसके छौने को कोई कर ले गया अहेर
उसके लिए दो आँख बनाना

सुना तुमने!
मारे जाते बेक़सूरों की चीख़ सुनकर
कोयलों ने खो दी आवाज़
उनके लिए आवाज़ बनाना
गर्भ गिरा दिए हैं औरतों ने
सपने गिन रहे हैं अन्तिम साँस
जलते गाँव के ऊपर से उड़ता हंस देखो झकोर गया है
उसके लिए रंग सफ़ेद बनाना
न्याय का पलड़ा जो झुक रहा है टेढ़ा
उसके लिए बढ़िया बाट बनाना
माँ और गौरैये में बस बच गए हैं हाड़
उन पर मांस चढ़ाना

मैं जो खोता जा रहा हूँ विश्वास
मेरे लिए विश्वास बनाना।

क्षमा-प्रार्थना

दिल छोड़ा दिल्ली
दिमाग़ बम्बई
कुछ भूल-चूक हो तो
क्षमा करना

न मक्के में हो स्वाद
न आम में मिठास
तो क्षमा करना

क्षमा करना
न मिट्टी में हो गंध
न वायु में तरंग
जाड़े में न हो सर्दी
न बारिश में बरसात
तो क्षमा करना

क्षमा करना
कुछ ऊँच-नीच हो तो।

नींद*

1

नींद क्यों रात-भर नहीं आती
क्यों नहीं आती लाल परी
विलम्ब क्यों कर रहा है पंखोंवाला घोड़ा
क्यों नहीं चलती झिर-झिर हवा
माँ क्यों सुनाती नहीं लोरी

हथेली में नींद का गला दबाए
क्या अभी तक जगा है राक्षस
रात-भर नींद क्यों नहीं आती
नानी क्यों बनाकर खिलाती नहीं खीर
क्यों राजकुमारी पिलाती नहीं अपने पिता के घर से
चुराकर सोम का घड़ा

क्या अभी तक इन्द्र की महफ़िल में हो रहा है नाच
कब इन्द्र की महफ़िल ख़तम होगी

---

* ग़ालिब के एक शेर को सुनकर।

कब राक्षस की टूटेगी हथेली

कब राजकुमारी मुक्त होगी
पिता के भय से

मुझे नींद कब आएगी

2

नींद में उड़ जाएगा कुरता

मेरा प्रिय, मेरा पुराना कुरता
जिसे मेले में सिलवाया था
जिस पर कढ़े हैं कई-कई फूल
जिसे पहना था उम्मीद की तरह
जिसे वादे, विश्वास एवं कर्तव्य की तरह पहना था

जैसे पत्ते
हरियाली पहनते हैं
चिड़ियाँ उड़ान
वैसे ही हमने उसे पहना था

उसके लिए मृग दौड़ा कई बार
चाँद ने कीं कई बार कोशिशें
उसके लिए कई बार घर में पुलिस आई
कई बार हुए राज्यादेश

मत पूछो! मैंने कैसे! कैसे! उसे बचाया।

मत होना उदास

कुछ जून ने बुना
कुछ जुलाई ने
नदी ने थोड़ा साथ दिया
थोड़ा पहाड़ ने
बुनने में रस्सी मूँज की।

प्रभु की प्रभुताई बाँधी जाएगी
यम की चतुराई
हाथी का बल
सोने-चाँदी का छल बाँधा जाएगा
बाँधा जाएगा
विषधर का विष

कुछ पाप बाँधा जाएगा
कुछ झूठ बाँधा जाएगा

रीति तुम चुप रहना
नीति मत होना उदास।

तेरे आने पर

बारिश की
पहली फुहार के
आने की
सूचना मिली मुझे।

भीग गया
रग-रग
धरती की सोन्हिल गंध से।

तुम्हारे आने की
पहली ख़बर मिली मुझे
बिन चिट्ठी
बिन पाती।

डबडबा आया
मेरे भीतर
यादों का थन
टप-टप चूने लगे

रस से मात
डाल से महुए।

तेरे आस-पास होने का भास
पहले-पहल हुआ मुझे
चमक उठा मैं
चकमक पत्थर-सा।

लगातार
पाट फोड़ने लगी
नदी विचारों की
मेरे भीतर।

चिट्ठी

सुबह के पन्नों पर
लिख रहा हूँ चिट्ठी
सुखों-दुखों के बीच बैठ
सूख रही है मन की रोशनाई

बनिये के पास न रही दवात
न दवात के पास स्याही
कैसे लिखूँ, तुम्हें चिट्ठी
दिनों और सालों के बीच बैठ।

अट्ठाईस दिन

सपने में नहीं आया चाँद
एक दिन
दो दिन
अट्ठाईस दिन
अट्ठाईस दिन, सपने में नहीं आया चाँद!

अट्ठाईस दिन आसमान नहीं तना
खिले नहीं तारे
झींगुर नहीं बोले
अट्ठाईस दिन, हवा नहीं चली सपने में
फले नहीं सेब

अट्ठाईस दिन हो गए, एक दिन भी
सपने में नहीं आया चाँद।

मेरे जीवन में

आषाढ़ के एक कजल भोर में
हल के चमकते फाल से
जोत रहा हूँ
अपनी हथेली
कि फ़सल उग आए
फूट आएँ दूध से लबलबाते गाभा
सपने
पृथ्वी की तरह ठोस
पृथ्वी की तरह सच्चे हो जाएँ

आषाढ़ के एक कजल भोर में
हल के चमकते फाल से
डाल रहा हूँ
माथे पर नई लीक
जिस पर चलें ख़ुशियाँ
उग आए चन्दन का गाछ
उमड़-घुमड़ बहे
इच्छाओं की नदी

जिस पर सूर्य उदय ले
सबसे पहले

अगहन के एक कजल भोर में
मेहनत की लग्गी से
टेर रहा हूँ बादल
ताकि बरसे झमाझम बारिश
मेरे जीवन में।

सूरज

पास बिलकुल पास उगते सफ़ेद सूरज
तुम पूर्ण होनेवाली इच्छाओं की परात
शामिल करोगे मुझे भी अपनी शक्ल में
मेरे पास भी है एक इच्छा पूर्ण होने के
लिए!

आसमान के ठीक ऊपर उगते तेज़ सूरज
ग़ुस्से का खौलता सिन्धु
खोजना ज़रूर कहीं होगा
मेरा भी एक ज़रूरी ग़ुस्सा
तुम्हारे भीतर।

दूर नभ में उग रहे पीले सूरज
तुम, उदासी का अनन्त आकार
कहीं जगह है तुम्हारे भीतर
मेरी भी उदासी के लिए।

पहाड़ और मेरे बीच

पहाड़ और मेरे बीच
चल रही है ज़ोर-आज़माइश

मोटी रस्सी-सी
कसमसा रही है नदी
हम दोनों के बीच

दूर आसमान में
एक पाँव पर खड़ा
सूरज कर रहा है प्रार्थनाएँ
मेरी विजय की

सृष्टि की पहली सुबह से ही
पहाड़ और मेरे बीच
चल रही है ज़ोर-आज़माइश।

डरते-डरते

डरते-डरते मैंने जनम लिया
मेरे जनम पर नहीं बजीं बधाइयाँ
मुझे प्यार करना

मुझ में भोर की लाली
साँझ की हवा
मुझे प्यार करना

डरते-डरते मैंने पाँच पार किए
डरते-डरते दस
डरते-डरते मैं बीस के दरवाज़े पर खड़ी हूँ
मुझे दग़ा मत देना

डरते-डरते मैं गुलदाउदी
डरते-डरते हज़ारा
मुझे संग ही रखना

डरते-डरते मैं बूढ़ी हो जाऊँगी
डरते-डरते मर जाऊँगी
मुझे—
डरते-डरते याद करना।

प्रेमगीत

मेरे कुरते में चाँद का कालर
और तारे का बटन

मेरे कुरते में
पहाड़ों की पीठ पर भागती हिरणी के धुँधले पाँव
मेरे कुरते में
सोने के केशोंवाली लड़की से मिलने की चाह

मेरे कुरते में
पिताओं का गुस्सा
और सामाजिकों का आक्रोश

गर्मी की साँझ की रूमानियत
और शरद का आवेग
मेरे कुरते में

मेरे कुरते में
ऋतुओं के बाजे
हाँ प्रिये, मेरे कुरते में
मेघों के नगाड़े।

मेरे बाँके

मेरे बाँके का चाँद-सा मुखड़ा
ज़ुल्फ़ें बादल-सी
हाँ, मेरा बाँका लहराता है हवा में रूमाल
कभी घोड़ा दौड़ाता आता है
कभी सारंगी बजाते
हाँ मेरा बाँका, योद्धा, कभी योगी
उसके एक हाथ में अग्नि
दूसरे में पानी
हाँ, वह ग्रहों, नक्षत्रों से आता है

मेरे बाँके के सीने पर काले-काले बाल
वह हँसता है जैसे बीच जंगल में
आदिवासी फूल
उसके पाँवों के नीचे पाताल
माथे पर पहाड़

हाँ, मेरे बाँके का चन्दन का ललाट
वह पहाड़ों पर नदियाँ बहाता

जंगल में ढूँढ़ता है राह
मेरे बाँके के पास सच की कटार
हाँ, मेरे बाँके पर संकट और ख़तरों का अम्बार

हाँ, मेरे बाँके! हो मेरे बाँके!

ताक़ीद

गया सारनाथ, नालंदा
न जाने कहाँ-कहाँ घूमा
किस-किस की साधना की
कितने-कितने इतिहासों को पढ़ा
कितने कवियों की संगत की

वीणा में ढूँढ़ा, कमल में खोज की
सांख्य, काण्ट, चार्वाक का किया मन्थन
न जाने कितने उलट डाले
बाइबिल और पुराण

सपने में गैलीलियो और आइंस्टीन से मुलाक़ातें कीं

साइबेरिया के पंछी और कीव द्वीप की चिड़ियों से बार-
बार किया ताक़ीद

ईसा, बुद्ध, महावीर से काग़ज़ात माँग देखे
तब पहुँचा इस निष्कर्ष पर
कि पृथ्वी की
सारी नदियाँ औरतों के रोने से बनी हैं।

मेरा दुःख

मेरा दुःख
मेरे दुःख के गुण दू
अवगुण पाँच

मेरा दुःख कंकड़
मेरा दुःख काँच

मेरा दुःख—दुःख के मुँह में गड़ाप...गड़ाप...

मेरा दुःख मूरख
मेरा दुःख बुद्ध

मेरा दुःख मार्मिक
मेरा दुःख क्रुद्ध

मेरा दुःख बोलता
मेरा दुःख चुप

मेरा दुःख
अद्‌भुत...अद्‌भुत...।

सपने की बात

कल कोई जुठा गया
मेरे सपनों का अनार

यक्ष, प्रेत, मानुष, साँप, बिच्छू
मैं मूरख सोता ही रहा
मुट्ठी में बन्द कर अनार
अब पत्नी से छुपाऊँगा
बेटे से झूठ बोलूँगा
पवित्र कामों के लिए सँजोकर रखे हूँ
अनार

एक दिन चुपके से
बाबा से कह सच्चाई
मन का बोझ
उतार डालूँगा

कहेंगे बाबा
ज़रूर कोई कसर है तुम्हारे सपने
देखने में
तभी तो जुठा गया कोई
तेरे सपने का अनार।

काश

क्यों मुझे बुरी लगती हैं
        बुरी लगनेवाली बातें
क्यों मेरा दिल टूट जाता है
दूसरों पर जब आती हैं विपत्तियाँ
क्यों मुझे रोना आता है

काश! मैं काठ होता
काश! मैं होता धोबी का पाट
काश! मैं कंकड़ पत्थर पहाड़ होता।

दुःख चिड़िया

कौन चिड़िया
बड़ेरे में लगाती है खोंता

दुःख चिड़िया! दुःख चिड़िया!
दुःख चिड़िया!!

और कोई नहीं है माँ
बस दुःख चिड़िया।

थोड़ी देर और

समय से गिलहरी जगती है
समय से चिड़िया भरने जाती है पानी
समय से ही चलता है खेत-बधार का काम

अभी मत झरो फूल
अभी मत गिरो वृक्ष
अभी मत डूबो चाँद
मत छुपो सूरज

घट अभी मत फूटो
लट अभी मत टूटो
आग अभी मत बुझो
अभी मत गलो बर्फ़
देह अभी मत थको
नींद अभी मत लगो
सूत अभी मत कतो
बाँस मत फटो

थोड़ी देर और ठहरो

फूल, सूरज, आग

थोड़ी देर और।

जीना

परसों लाल उड़ा
कल हरा
आज पीला भी उड़ जाएगा

धीरे-धीरे उड़ जाएँगे
चिड़ियों के पंख
धरती के सत्त
आदमी की गंध
पोखर का पानी
सिर के बाल

कैसे जीऊँगा मैं पूरे बहत्तर साल।

न होने के विरुद्ध दो कविताएँ

1

काठ छेद रहा है कठफोड़वा
पानी चट्टान
फरेब कोई नहीं छेदता

कोई नहीं भेदता गुमान
माया कोई नहीं छेदता
कोई नहीं भेदता अन्धकार

अग्नि ऐसे ही जल रही है
हवा ऐसे ही बह रही है।

2

सुमन सात का हुआ
बाबा सत्तर पार

सूरज अँधेरा नहीं काटता
गिलहरी नहीं काटती रेशम की डोर

हंस दूध का दूध, पानी का पानी नहीं करता
अग्नि जलाती नहीं हमारे चूल्हे
कुल्हाड़ी नहीं फाड़ती वज्र किवाड़
सर्प डँसता नहीं महाजन के पाँव
पान अशुभ के ख़िलाफ़ कुछ नहीं करता
तराज़ू देती नहीं हमारे अंश
हँसिया काटती नहीं हुमारे दुःख

संतो! कहें तो किससे कहें
जाएँ तो कहाँ जाएँ।

भैरवी भजन

मेरी अरज सुनो भगवान
उसे एक बेटा दिया, सात लोटे
मुझे सात बेटे पर एक लोटा
वह भी फूटा।

हे कृपानिधान
क्यों नहीं दी मुझे काठ की बीवी
उसमें इच्छाएँ क्यों दीं

इतनी बारिश दी तो न चूनेवाला छप्पर क्यों नहीं दिया
इतनी ठंडक दी तो पूरा कपड़ा क्यों नहीं दिया
जितना मुझे दुःख दिया, उतने आँसू क्यों नहीं दिए

हे समदर्शी, ऐसा क्यों किया
उसे धन दिया तो लालच क्यों दिया
दम्भ क्यों दिया

हे प्रतिपालक!
ख़ाली पेट को रोटी क्यों नहीं दी
दर्द दिया मुझे तो उसे दवा क्यों दी।

मलमल

मलमल पर दे रहे हैं चून कलीमुद्दीन
दीये की धीमी लौ में

कुछ उससे कह लो कलीमुद्दीन
कुछ उसकी सुन लो कलीमुद्दीन
बीड़ी पीने में ज़्यादा वक़्त न गँवाओ

देखो देखो देखो
मलमल आसमान में उड़ा

कलीमुद्दीन चढ़ा रहे हैं मलमल पर चून
वह बार-बार फिसल जाता
उनके हाथों से

बड़ा गरूर है तुझे मलमल
अपने पर
जा तुझे चीक हत्यारा पहनेगा
जा तुझे ले उड़ेगा बड़रौना के
जंगल का गिद्ध

हाय!
मलमल साहब-सूबेदार पहनेगा
जो रोज़ धाँगता है
कलीम की कलाई

मलमल पहनेगी हसीना फ़ारस की
घोड़ी काबुल की

हाय मलमल!
तुझे वे नहीं पहनेंगे
जिन्हें रोज़ सपने में
कलीम भाई चाहते हैं पहनाना।

सुकोमल बाबू की याद में

आटे का घोड़ा
और मोम की तलवार
रोज़ लड़ने जाते हैं पानीपत का मैदान सुकोमल बाबू

एक पानीपत, दो पानीपत, अनेक पानीपत
इच्छाओं का पानीपत
महत्त्वाकांक्षाओं का पानीपत
कल्पनाओं के हज़ारों होते हैं पानीपत

रोज़ लड़ते हो, रोज़ कटते हो
अब और नहीं देखा जाता
तुम्हारा कट-कटकर गिरना सुकोमल बाबू

चढ़ने का घोड़ा बदलो
लड़ने की तलवार
निशाने पर का दुश्मन बदलो
लड़ाई का मैदान
नहीं तो बीच मैदान में मारे जाओगे सुकोमल बाबू

न शंख रोयेगा, न कटे अंग
तुम्हारे मरने का क़िस्सा घूम-घूमकर
सुनाएगा मृदंग
तुम योद्धा हो, तुम शूरवीर
जूझने से पहले सोच लो सुकोमल बाबू।

धूप, चाम, और निरघिन राम

चैत की धूप है
और चमरटोली के छप्पर पर सूख रहे हैं चाम
कई पाँवों के जूते बनने हैं
कई पाँवों के सपने में उड़ने का होना है इन्तज़ाम
कई की शादी होनी है
कई को परदेश जाना है

कोर्ट कचहरी आते-जाते
थाने का चक्कर लगाते
कई फटे पाँवों को करनी है रखवाली
कई को सर्पों से बचाना है
कई को बिच्छुओं के डंक से
कई पाँवों को हुक्म की तामील करनी है
कई को अपनी बेटियों की शादी खोजने
पूरब बनिज जाना है

अरे रोना है, तो जूते में रो ले
कोई जाने, कोई जान भी न पाए
कई पाँव जिनमें नये जूते देख

सूदखोर तय कर सकेगा कि इन्हें अभी भी दिया जा सकता है क़र्ज़
कई पाँवों को पहाड़ ठेलने में दिया जाना है साथ
कई पाँवों की लाज बचानी है

चैत की धूप में
छप्पर पर सूख रहे हैं चाम
और निरघिन राम अपनी धुन में गुनगुना रहे हैं।

बुढ़िया

यह बुढ़िया
उम्र के उस पद पर पहुँच गई है
जहाँ से शाप सकती है दु:ख को
सुख को कर सकती है याद
पत्थर और पानी पहचान सकती है

उम्र के इस आसन से वह
इन्द्र को शाप सकती है
सूर्य को शाप सकती है
शाप सकती है
मंत्री, सन्तरी और राजा को
रंक को कर सकती है प्यार

यहाँ से यह बुढ़िया
कुछ भी कह सकती है
पाप को पाप
और पुण्य को पुण्य।

माँ

थकी-हारी माँ
माँ, तुम्हारी हँसुली
जिसे रख आए थे पिता
बनिये की दुकान
उग रही है
दूर आसमान पर
इन्द्रधनुष की तरह!

माँ, तुम्हारा छागल
जिसे छीन ले गया था
भट्ठी का मालिक
रात के चढ़ते पहर में
झन-झन बज रहा है
कीट-पतंगों के संग
पीठ पर पहाड़ ढोती माँ

माँ, तुम्हारी ख़ुशी
खिलने से पहले ही
जिसे मार गया था पाला

खिल रही है
आसमान में चाँद बन

हमारे लिए—हम सबके लिए जीती माँ
माँ, तुम्हारा आँचल
जो बिछ गया था पटवारी के पाँव पर
फैला है आसमान में चाँदनी रात की तरह

थकी-हारी माँ...!

दीदी

दीदी
इस बार भी
रंगोली बनाना
दीवाली में

पान बनाना
फूल बनाना
बनाना मत
हाथी

हाथी रौंदेगा
कमल के फूल
अनार के पेड़

उड़ा देगा
बेर खाता
सुग्गा

बनाना मत
हाथी
दीदी
रंगोली में

तोड़ देगा
लाल ओहार से सजी डोली
उजाड़ देगा
गुड़िया का मड़वा
छींट देगा
अक्षत चन्दन
हरदी-कलश सब फोड़ देगा

दीदी
रंगोली में
चाँद बनाना
सूरज बनाना
बनाना मत
हाथी
इस बार दीवाली में।

लालमुनि

लालमुनि
गोधन कूटेगी

कूटेगी
घर की उदासी
भइया की चिन्ता कूटेगी

सूखे पान के पत्ते-सा मुरझाया
चेहरा भइया का
बेकारी कूटेगी

कूटेगी
रेंगनी के कांट-सी
गड़ती महँगी
सब सखियाँ मिल
उठाएँगी मूसल
गाय के गोबर से बने
घरौंदे में
ग़रीबी कूटेगी

कर देगी बज्र
भाई का हाड़
यम की दुआरी कूटेगी
लालमुनि
गोधन कूटेगी
देगी लाख-लाख आशीष
भइया को युग-युग जीने की
पुलिस की गोली कूटेगी
सूरज के जोत-सा
चमको मेरे बीरन
कस्बे के सूदखोर सेठ का
बही-खाता कूटेगी

लालमुनि गोधन कूटेगी।

दुलारी धिया

पी के घर जाओगी दुलारी धिया
लाल पालकी में बैठ चुक्के-मुक्के
सपनों का ख़ूब सघन गुच्छा
भुइंया में रखोगी पाँव
महावर रचे
धीरे-धीरे उतरोगी

सोने की थारी में जेवनार—दुलारी धिया
पोंछा बन
दिन-भर फ़र्श पर फिराई जाओगी
कछारी जाओगी पाट पर
सूती साड़ी की तरह
पी से नैना ना मिला पाओगी दुलारी धिया

दुलारी धिया
छूट जाएँगी सखियाँ-सलेहरें
उड़ासकर अलगनी पर टाँग दी जाओगी

पी घर में राज करोगी दुलारी धिया

दुलारी धिया, दिन-भर
धान उसीनने की हँड़िया बन
चौमुँहे चूल्हे पर धीकोगी
अकेले में कहीं छुप के
मैके की याद में दो-चार धार फोड़ोगी

सास-ससुर के पाँव धो पीना, दुलारी धिया।

बाबा ने पूरब में ढूँढ़ा
पश्चिम में ढूँढ़ा
तब जाके मिला है तेरे जोग घर
ताले में कई-कई दिनों तक
ताले में कई-कई दिनों तक
बन्द कर दी जाओगी, दुलारी धिया

पूरे मौसम लकड़ी की ढेंकी बन
कूटोगी धान

पुरइन के पात पर पली-बढ़ी दुलारी धिया

पी-घर से निकलोगी
दहेज की लाल रंथी पर
चित्तान लेटे

खोइछे में बाँध देगी
सास-सुहागिन, सवा सेर चावल
हरदी का टूसा
दूब

पी-घर को न बिसराना, दुलारी धिया।

चितकबरे घोड़े के लिए कविता

सच बोलना चितकबरे
नाथ से, चाबुक से, एड़ी से सच बोलना
सवारी से तो ज़रूर सच बोलना
जई से, खल्ली से सच-सच बोलना

सच सुने कई दिन हो गए
सच देखे कई दिन हो गए।

कहीं बैल, कहीं घोड़े, कहीं आदमी

बिकने जाएँगे
उजले-उजले घोड़े
सजा है
अजब रंग बाज़ार
कहीं बैल, कहीं घोड़े, कहीं आदमी

घूम रहे हैं देश-देश के व्यापारी
ठीक-ठीक मोल करना रे व्यापारी!

घोड़े से विनती

भले नदी में डूब जाओ घोड़े
भले पहाड़ी से कूद जाओ
धरती से ऊपर जाओ घोड़े
मत जाओ उनके घुड़साल में
मत जाओ

आएँगे सुबह और कहेंगे
चलो! रथ में जुतने चलो
चलो! कुरुक्षेत्र में नया युद्ध लड़ो
चलो! फिर से वाटरलू चलो
चलो! रानी फूलमती चाहती है चूमना
तुम्हारा मुखड़ा
उसके चौसर की चाल चलो

वे आएँगे और कहेंगे
बुद्धराज बहुत देखने लगा है सपने
चलो, उसके सपनों पर ख़ूनदार टाप
ले चलो!
चलो छातियों पर, चलो दिलों पर

चलो हज़ारों स्त्रियों को रौंदने चलो
नहीं तो अन्त में कहेंगे—
घोड़े चलो! कसाई के पाट पर चलो!

मेरे सुग्गे, तुम उड़ना

दग़ा है उड़ना
धोखा है उड़ना
कोई कहे—
छल है, कपट है उड़ना
पर मेरे सुग्गे, तुम उड़ना

तुम उड़ना
पिंजड़ा हिला
सोने की कटोरी गिरा
अनार के दाने छींट
धूप में करके छेद
हवाओं की सिकड़ी बजा
मेरे सुग्गे, तुम उड़ना।

पंछी का गीत

पंछी, सोने की चोंच, चाँदी के पंखोंवाले पंछी
उचारो सगुन, जिसमें
पतझर के मारे पेड़ हरे हो जाएँ
और मेरे सीवान का खेत
हरी हो जाए मेरी बहिन की गोद
हो जाय गोरा
कर्म-अभावों में करिआया मेरा बदन।

सुन्दर तन, सुन्दर मनवाले पंछी
उड़ो
सूखकर जर्जर हुए सोन के ऊपर
कमला बलान के आस-पास
मेरे दुःख संत्रासों, अनिश्चितताओं के ऊपर

चोंच में शुभ, पंखों में समय साधनेवाले पंछी
बोलो ऐसे बोल
बरसने लगे
चित्रा

बहने लगे पुरवा
सागर के भीतर
हमें भी मिले रत्नों का पहाड़।

सोने की याद में

क्या अब भी सोनार की दुकान से ख़रीदा जाता होगा सोना
क्या अब भी सोनार की दुकान पर बेचा जाता होगा
क्या अब भी सोनार कहता होगा सोने से
तुम सबसे बड़े
तुम्हीं से चलता है संसार
क्या अब भी पेशुआ साँप बन रानी को डसता होगा सोना
क्या अब भी घोड़ों में खोरहा बन फैलता होगा
क्या अब भी ब्रह्मर्षि खाते ही मर जाता होगा सोना
क्या अब भी गिद्धों के गले में पहनाया जाता होगा सोना
क्या अब भी सबको ठग बन ठग ले जाता होगा सोना
क्या अब भी दिमाग़ों में मढ़ा जाता होगा सोना
क्या अब भी सोने के दाँत गिनाए जाते होंगे
क्या अब भी पाँवों में घूँघर बाँधे नाचता होगा
क्या अब भी हवाओं में झन-झन बजता होगा सोना
क्या अब भी बौद्धिक, वेश्या एवं भोगी
सोने के लिए हाय-हाय करते होंगे
क्या अब भी किसी तानाशाह की उँगलियों पर बैठ
नये वर्ष का फीता काटता होगा सोना

अब भी! क्या अब भी
सबको सपने में चिहुँकाता होगा सोना?

खड़िया

घिसनेवाली, मिटनेवाली खड़िया
टेढ़-मेढ़ मत लिखना
सीधी पंक्तियों के नीचे थोड़ा दूर-दूर लिखना
ख़ूब गोल लिखना
जो शब्द लिखना
सुन्दर और सरल लिखना
साफ़ लिखना और
अमर लिखना

क्षण-क्षण छोटी होते जानेवाली खड़िया।

बाक़ी तुम्हें लिखना है

फूटी स्लेट पर
सत्य लिखना है
मैं ख़ूब सुन्दर लिखता हूँ 'स'
बाक़ी तुम्हें लिखना है

काली रात है
और शिव लिखना है
मैं रच-रच लिखता हूँ 'श'
तुम्हें 'व' लिखना है

बुरे दिन हैं
और सुन्दर लिखना है
'स' लिख मैं चलता हूँ
बाक़ी तुम्हें लिखना है।

कौन ले गया

कौवे बोल से
गौरैये चोंच से
हंस आँखों से
ढूँढ़ते हैं धरती-आसमान

पेड़ों का फल कौन ले गया
कौन ले गया नदी का जल
गाय का दूध

धरती का सत्त
लाल-पीला-हरा
खट्टा-मिट्ठा कौन ले गया
कौन आया और ले गया
पुन्नी की आँखों की निर्मल हँसी।

कट्टिस

दोस्त! कट्टिस
कड़की के दिनों में दस-पाँच रुपए उधार न देने के लिए
कट्टिस
एतवार को चुपके, अकेले होटल में खा आने के लिए
कट्टिस
पटने में चाय न पूछने
दिल्ली में ठीक से न बतियाने के लिए
कट्टिस
पिता के श्राद्ध में
बहन के विवाह में न पूछने के लिए कट्टिस
चिट्ठी देने को कह
चिट्ठी न देने के लिए कट्टिस

दोस्त! इस पूरे ज़माने-भर तुमसे कट्टिस।

शोकगीत

दूधिया रोशनी में खिलते
परम पवित्र पोनप्पा पथ पर
टाफी लाने जाते बच्चे की खो गई
तुतलाहट
गा सकें तो गाएँ एक शोकगीत
तुतलाते प्यार के लिए

किस नियम से बनी है यह धरती
किससे चलता है संसार
किस नियम से होता है बँटवारा
सुखों-दु:खों का

किस नियम से यहाँ जन्म मिलता है
किस नियम से मृत्यु

गा सकें तो गाएँ एक शोकगीत
सृष्टि में रहते हुए, सृष्टि के विरुद्ध।

खोना

हेराया है मेरा कुछ यहीं कहीं
नाव! यहीं कहीं
मगरमच्छ! यहीं कहीं
साँप! यहीं कहीं
हुज़ूर! यहीं कहीं
कचहरी! यहीं कहीं

सब कुछ है जो घर से ले चला था
काग़ज़, क़लम, दवात
नहीं हैं वो वादे
जो टूटी चौखट से, फूटे धान से
कर चला था।

सप्तर्षि

सप्तर्षियों में से
कल एक ऋषि निकालकर फेंक दिया जाएगा

उसने कहा है
हवा को आँधी नहीं बनना चाहिए
पानी को नहीं बनना चाहिए बाढ़
आग को हारिल का बच्चा नहीं भूनना चाहिए
चिड़िया को नहीं बोलना चाहिए कुबोल
शिकारी को नहीं साधना चाहिए
हिरण पर बाण

उसने कहा है
भगवान को भगवान की तरह व्यवहार नहीं करना चाहिए

कल जब फिर रात घिर जाएगी
सच मानो
सब होंगे
वह न होगा
सबसे उज्ज्वल, सबसे सुन्दर तारा।

भोर

कोहरे से उभर रहे हैं खेत
फ़सलों का दुगना हो रहा है कलेजा

आसमान में चिपकी
सोने की थाली से
सात किनारी से
बह चली
लाल किरणों की नदी

पीली ओढ़नी फहरा रही है
धरती बाँध रही है कलेवा
जाने को
नदी स्नान, जन-धन के लिए
पुत्र-परिवार के लिए
सासुर-नइहर के लिए

धुंध के मुँह में बन्द
बहता आदमी
अपनी लौह उँगलियों से
रहस्य का पेट फाड़ झाँक रहा है।

बाबू रामचन्दर को एक चिढ़ावन

दिल्ली में रहता है सावन का महीना
हाय बाबू रामचन्दर, तुम पोंछते हो पसीना
दिल्ली में रहती है फारस की हसीना
हाय बाबू रामचन्दर, तेरा फट गया पश्मीना

पश्मीने में क्या अब भी लटकता है
लाल-लाल फुलेना
दिल्ली की सड़कों पर बिकता है पुदीना
न जाने! मेरे रामचन्दर को
किसने बेचा-कीना
दिल्ली में सागर है, सागर से बढ़िया मीना
हाय बाबू रामचन्दर, तुम सँभल-सँभलकर पीना
कौन-कौन देखे तूने दिल्ली में सनीमा

और सब नग हैं, एक है नगीना
दिल्ली में खो गए, रामचन्दर सिंह 'फहिमा'
हाय बबुआ रामचन्दर! हाय भइया रामचन्दर!

अभी तो

लड़की बचाए रखेगी
अपने प्रेमी की तस्वीर
सही वक़्त के लिए।

अभी तो
चील बैठी है घर के ऊपर
घर के नीचे फुफकारते हैं साँप

भागती-भागती वह बाग़ में जाएगी
बाग़ में काग बैठे हैं
ढूहों पर बिड़ाल

नदी किनारे
पहले से ही अपना भैंसा धो रहा है यमराज
पहाड़ों की खोह
दिक्पालों ने छेंक रखा है

लड़की छुपा लेगी
अपने प्रेमी की तस्वीर
सही वक़्त के लिए।

मेरे ज़माने का घोषणापत्र

न गिद्ध, न गिद्ध की चोंच
न स्यार की धूर्तता, न चीते की आँख
न ज़ुल्मी, न जालिम, न हत्यारा

सज्जनों का पूरा सम्मान होगा
मेरे ज़माने में
तोते को मैना से प्यार होगा
बाघों का सामाजिक बहिष्कार होगा
लोमड़ी निपूती होगी
भेड़िया निर्वंश
साँप के फन पर प्रहार होगा

हमारे यहाँ नहीं होगा आपातकाल
मोती को आब मिलेगा
मानुष को ख़्वाब

सेमल अगर सेयेगा सुग्गा
तो सुग्गे को प्रतिदान मिलेगा
बाज़ को सत्ता नहीं मिलेगी

न काग को शासनादेश

मेरे ज़माने का बिलकुल नया संविधान होगा

कुछ भी नहीं होगी
माया की,
न चिड़ियाँ, न नदी
न कंगन, न करधनी

आत्मा नहीं होगी चनक शीशे की बनी
न देह माटी का मकान होगा
चकवा को बचाना होगा
चकई को हँसाना होगा
हारिल के बच्चे को
गोद में खेलाना होगा
बदला-बदला होगा सब कुछ
मेरे ज़माने में
न फन्दा होगा, न जाल
न सभा बीच अंगुलिमाल
मेरे ज़माने के सिक्कों पर
खुदा होगा
सरसों के फूलों का हार

लाल-लाल लीची होगी
हरा-हरा आम।

मत भूलना

मुझे मत भूलना
मैं हूँ
पेड़ों पर पत्तों का हिलना
मैं डालों पर फलों का डोलना हूँ
मैं हूँ कोटर में
सुये का टुप-टुप बोलना

मुझे मत भूलना
मैं हूँ ऋतुओं के हाथों का अनगिन वाद्य
मैं हूँ कलरव, मैं हूँ अनत निनाद
मैं हूँ पृथ्वी में पाँवों का अनहद नाद।

मैं माटी और मानुष का आदिम संसर्ग हूँ
मुझे मत भूलना।

पाशविकों की वार्ता

हम और आप!
आधा चिड़ियाँ हैं आधा साँप
हम में शामिल है
भालू की आँख

हमारी नैतिकता में
रहो पाशविकता
हमारे पास उसके पंजे रहें
आपके पास दाँत

हमारे पास ठीहा है
चाकू रखिए आप

हम लेते हैं चुप्पी
गुर्राहट लीजिए आप
हम...
और आप...